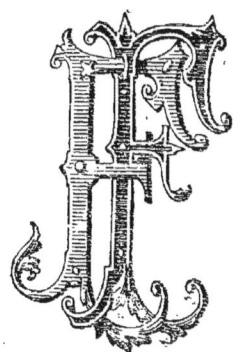

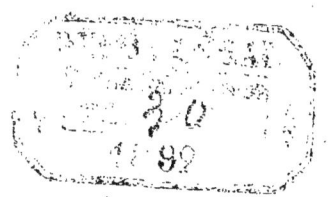

ALLOCUTION

PRONONCÉE EN L'ÉGLISE SAINTE-MADELEINE DE ROUEN

LE 21 JUILLET 1891

PAR SA GRANDEUR MONSEIGNEUR DUVAL

ÉVÊQUE DE SOISSONS ET DE LAON

à l'occasion du mariage

de

MONSIEUR MAURICE LE FEBVRE

et de

MADEMOISELLE MARIE DE LA FERRIÈRE

ALLOCUTION

PRONONCÉE PAR SA GRANDEUR MONSEIGNEUR DUVAL

Époux chrétiens,

On m'a demandé de bénir votre union.

Pouvais-je refuser quelque chose à celui qui me faisait cette demande et auquel m'unit une amitié déjà bien vieille, née sur les bancs des classes et dont les années n'ont fait que resserrer les liens? On venait m'apprendre la bonne, l'heureuse nouvelle d'une union qui promettait tout ce que l'on pouvait désirer pour le bonheur d'un fils !

Au père, j'ai adressé mes plus vives félicitations ; à l'ami, j'ai promis la meilleure preuve de mon affection en lui disant que je serais heureux de consacrer moi-même cette union si pleine de joyeuses espérances, et je suis venu.

Et vous êtes ici, demandant à Dieu, sous les regards émus de vos chers parents, la bénédiction qui fonde les foyers et consacre la plus vive des affections humaines.

Le Mariage est un grand sacrement, nous dit l'apôtre, grand devant Dieu et la sainte Église, et c'est parce que vous l'avez ainsi envisagé, Monsieur, que vous avez voulu l'entourer des garanties que la religion seule peut donner. Avant de fixer votre choix, bien souvent dans vos rêves de jeune homme, vous vous représentiez celle que Dieu vous destinait, pieuse, douce, intelligente, affectueuse. A ces qualités de la personne vous joigniez l'honorabilité d'une famille dont le nom sans tache fut entouré de l'estime et de la considération publiques.

Voyez si Dieu a exaucé vos vœux ?

Voyez ce magistrat descendu courageusement de son siège, alors que la patrie est en danger, quitter sa robe pour l'épée, pour remonter avec un lustre nouveau sur un siège qu'il quittera encore quand la conscience lui dira que la magistrature n'est pas faite pour sanctionner les attaques contre la liberté religieuse. Le suffrage de ses concitoyens le vengea noblement en l'envoyant au sein du Parlement, lui montra de quelle estime on entoure les braves cœurs et les hautes âmes.

Et vous, Mademoiselle, laissez-moi vous dire

que vous retrouverez dans votre nouvelle famille toutes les qualités que vous avez admirées à votre foyer : la loyauté, la dignité, un nom respectable et respecté de tous. Quand je parlais de monsieur votre père, je n'étais que l'écho de ce que m'a appris l'estime publique. Quand je vous parle de celui à qui vous allez aussi donner le nom de Père, ce sont mes propres souvenirs que j'évoque, et ne craignez pas que mon affection en altère la sincérité. Je l'ai vu à l'œuvre. Je l'ai vu continuer, avec la même dignité et la même confiance de tous, une charge qui était devenue comme un fief héréditaire, une noblesse de famille. Lui aussi il a exercé une magistrature, celle qui défend et développe les intérêts du département, et puis il a connu aussi l'ingratitude populaire. Des témoins de cette religieuse cérémonie pourraient vous dire que cette ingratitude demeure, oubliant les longs dévouements et les services rendus. Mais, pour un homme public, il y a quelque chose de plus beau que de posséder une charge, c'est de savoir la quitter, en conservant toujours sa dignité et l'estime des honnêtes gens.

Quant à vos dignes mères, chers Époux, elles n'auront de nous d'autre louange que celle que nous trouvons dans nos Saints Livres ; elles ont été et elles demeurent ces femmes fortes qui, par leur dévouement et leur piété, sont la joie de leur foyer, l'âme de toute une famille, la providence des pauvres, le rayon qui illumine toute la vie de leur mari.

Venez donc, heureux Époux, venez remercier Dieu de tout le bonheur qu'il vous prépare. Il veut y joindre la plus solennelle bénédiction pour que ce bonheur repose sur la base inébranlable d'un serment qui garantisse le principal et nécessaire élément du bonheur, votre mutuelle affection.

Combien d'autres bénédictions s'y ajoutent en ce moment !

Combien de cœurs amis, dans cette brillante et si nombreuse assistance, qui prient pour vous et demandent à Dieu de longs et heureux jours ! Les chers absents s'y unissent aussi. Je ne sais, Mademoiselle, si vous avez eu le malheur de pleurer sur de douloureuses séparations. Je sais que vous pouvez présenter à votre époux une aïeule pleine de santé, de dignité, de douce et aimable piété. Votre époux n'aura pas la même joie, et pourtant qu'elle eût été heureuse cette aimable aïeule, de voir assuré le bonheur d'un petit-fils qu'elle aimait tant !

Nous la voyons encore, entourée de la vénération publique, affable et bonne à tous, ayant conservé, jusque dans la vieillesse la plus reculée, la grâce des jeunes années, la fraîcheur des souvenirs, la dignité la plus exquise unie à la plus délicate bonté. Saint François de Sales, si gracieux dans ses images, dit quelque part que les saints se penchent quelquefois sur les balustres du ciel pour applaudir au bonheur de leurs frères de la terre. Je crois bien que la bonne et sainte madame Leaurédan est en ce moment à ce poste de pieuse observation et qu'elle remercie bien Dieu de cette bonne journée qui consacre l'union de deux cœurs dignes l'un de l'autre. Dieu, lui-même, bien chers Époux, va se pencher jusqu'à descendre sur cet autel pour cimenter avec son sang vos solennels serments. Gardez toute votre vie le souvenir de cette journée, célébrez-en chaque année l'aimable retour, et puissiez-vous, au déclin d'une longue vie, retrouver dans vos cœurs qui auront souri, peut-être pleuré ensemble, la même fraîcheur des sentiments, la même fidèle et vive affection, avec le même inébranlable amour pour Dieu et sa religion.

www.ingramcontent.com/pod-product-compliance
Lightning Source LLC
Chambersburg PA
CBHW060457050426
42451CB00014B/3367